Printed in the USA
CPSIA information can be obtained
at www.ICGtesting.com
LVHW011139140624
783121LV00015B/652

9 789358 72198(

حفاظتِ حدیث

(مضامین)

عبدالرحمٰن مدنی

© Idara Mohaddis
Hifazet-e-Hadees (Essays)
by: Abdul Rahman Madani
Edition: March '2024
Publisher :
Taemeer Publications LLC (Michigan, USA / Hyderabad, India)

ISBN 978-93-5872-198-0

9 789358 721980

مصنف یاناشر کی پیشگی اجازت کے بغیر اس کتاب کا کوئی بھی حصہ کسی بھی شکل میں بشمول ویب سائٹ پر اَپ لوڈنگ کے لیے استعمال نہ کیا جائے۔ نیز اس کتاب پر کسی بھی قسم کے تنازع کو نمٹانے کا اختیار صرف حیدرآباد (تلنگانہ) کی عدلیہ کو ہو گا۔

© ادارہ محدث

کتاب	:	 حفاظتِ حدیث (مضامین)
مصنف	:	عبد الرحمٰن مدنی
مرتب	:	ادارہ محدث
صنف	:	مذہب
ناشر	:	تعمیر پبلی کیشنز (حیدرآباد، انڈیا)
سالِ اشاعت	:	۲۰۲۴ء
صفحات	:	۴۴
سرورق ڈیزائن	:	تعمیر ویب ڈیزائن

حفاظتِ حدیث کے مختلف ذرائع

عبدالرحمن مدنی

منکرین حدیث کی طرف سے اکثر و بیشتر اس سوال کا اعادہ و تکرار کیا جاتا ہے کہ " احادیث چونکہ آنحضرت ﷺ کے دور میں لکھی نہ گئی تھیں، اس لئے یہ قابل حجت نہیں۔ کیونکہ جب کوئی چیز ضبطِ کتابت میں آجائے تو وہ محفوظ ہو جاتی ہے جبکہ ضبطِ کتابت سے محروم رہنے والی چیز آہستہ آہستہ محو ہو کر اپنا وجود کھو بیٹھتی ہے۔ لٰہذا احادیث کا باقاعدہ کوئی وجود نہیں اور دورِ حاضر میں جن کتابوں کو کتبِ احادیث سے موسوم کیا جاتا ہے، یہ عجمی سازش کا نتیجہ ہیں۔" زیر نظر مضمون میں اس اعتراض کا تسلی و تشفی بخش جواب دیتے ہوئے یہ واضح کیا گیا ہے کہ آنحضرت ﷺ کی زندگی (سنت) کس طرح محفوظ ہوئی؟

﴿فَإِنْ ءامَنوا بِمِثْلِ ما ءامَنتُم بِهِ فَقَدِ اهتَدَوا...۱۳۷﴾... سورة البقرة "اگر یہ (یہود و نصاریٰ) اس طرح ایمان لے آئیں جس طرح تم (صحابہؓ) ایمان لائے ہو تو پھر یہ ہدایت پا جائیں گے۔"

صحابہ کرامؓ جب رسول کریم ﷺ کی زندگی کے شب و روز تابعین کے سامنے پیش کرتے تو چونکہ وہ آنحضرت ﷺ کی زندگی کے بارے میں خبر دیتے تھے، اس لئے ایک طرف تو ان کی یہ خبر (حدیث) دین کے لئے بنیاد متصور ہوگی اور دوسری طرف صحابہ کرامؓ کی بیان کردہ خبر ہی ہمارے لئے حجت ہوگی کیونکہ اللہ کے رسولؐ کی ساری

زندگی انہی صحابہ کرامؓ کے درمیان بسر ہوئی ہے۔ لہٰذا صحابہ کرامؓ کا آنحضرت ﷺ کی زندگی کے بارے میں کوئی خبر دینا غیر معمولی اہمیت کا حامل ہے۔

آنحضرت ﷺ کی زندگی کے دو پہلو ہیں: انفرادی اور اجتماعی۔ آپؐ کی زندگی کا اجتماعی پہلو صحابہ کرامؓ کے ساتھ مل کر ہی واضح ہو سکتا ہے اور اسے آپؐ نے "ما أنا علیه وأصحابي" کے ساتھ تعبیر فرمایا ہے۔ اس اعتبار سے رسولِ کریم ﷺ کے دور کا معاشرہ آپؐ کی اجتماعی زندگی کا تصور پیش کرتا ہے۔ اور جب رسولِ کریم ﷺ فوت ہو گئے تو فوری طور پر یہ معاشرہ اپنی حالت تبدیل نہیں کر بیٹھا۔ اگرچہ تھوڑے بہت اختلافات بھی رونما ہوئے مگر یہ ایک فطری عمل ہے۔ اس لئے مجموعی طور پر رسولِ کریم ﷺ کی زندگی کا عمومی اور اجتماعی پہلو آپؐ کی وفات کے بعد من وعن صحابہ کرامؓ میں موجود رہا۔

صحابہ کرامؓ کے بعد تابعین کے دور میں بھی تقریباً وہی حالات غالب رہے جو رسولِ کریم ﷺ کی زندگی میں تھے۔ پھر ان کے بعد تبع تابعین کے دور میں بھی یہی اجتماعی رنگ غالب تھا۔ اگر صحابہ کرامؓ، تابعین عظام اور تبع تابعین کے اَدوار کو تاریخی اعتبار سے دیکھا جائے تو ہم کہہ سکتے ہیں کہ یہ سلسلہ ۲۲۰ھ تک چلتا رہا جب کہ یہ تبع تابعین کے دور کا تقریباً اختتام تھا اور تبع تابعین تک کے اَدوار ہی کو خیر القرون (بہترین اَدوار) سے موسوم کیا جاتا ہے۔

یاد رہے کہ جس طرح صحابہ کرامؓ زندگیاں گزارتے رہے، اسی طرح تابعین نے ان کی اتباع کی اور تابعین کی انفرادی واجتماعی زندگی کو دیکھتے ہوئے تبع تابعین نے اپنے آپ کو ان کے مطابق ڈھالنے کی پوری کوشش کی۔ حتیٰ کہ اگر کبھی کوئی خرابی، بد عملی یا کوتاہی نظر آتی تو فوراً ٹوک کر کہہ دیا جاتا کہ رسولِ اکرم ﷺ کا عمل تو اس طرح تھا۔ جیسا کہ ایک مرتبہ ابن مسعودؓ نے دیکھا کہ لوگ گٹھلیوں پر وِرد کر رہے ہیں تو انہوں نے

اس پر تعجب اور غصے کا اظہار کرتے ہوئے فرمایا: «ویحکم یا أمة محمد ما أسرع هلكتكم، هؤلاء صحابة نبيكم متوافرون وهذه ثيابه لم تبل وآنيته لم تكسر... أو مفتتحوا باب ضلالة» (مسند دارمی، کتاب العلم (المقدمة) باب في كراهية أخذ الرأي، رقم ۲۱۵)

"اے امتِ محمد! تم پر افسوس کہ تم کتنی جلدی ہلاکت کی طرف جارہے ہو حالانکہ ابھی تو تم میں صحابہ کرامؓ کی ایک بڑی تعداد موجود ہے اور اللہ کے نبیؐ کے کپڑے بھی ابھی بوسیدہ نہیں ہوئے اور نہ ہی آپؐ کے برتن ابھی ٹوٹے ہیں... کیا تم گمراہی کا دروازہ کھولنا چاہتے ہو؟"

گویا صحابہ کرامؓ نے رسولِ کریم ﷺ کی باتوں کا اتنا خیال رکھا کہ گٹھلیوں کے استعمال کو 'بدعت' کہہ کر اس سے روکا اور اس عمل کو ناپسند کیا۔ رسولِ کریم ﷺ کا معاشرہ تین نسلوں تک غالب رہا اور پھر اس معاشرے میں بہت سی تبدیلیاں اور بگاڑ دَر آئے۔ اس لئے تبع تابعین کے بعد والے دور یا معاشرے کو معیاری دور یا معیاری معاشرہ قرار نہیں دیا جاسکتا۔

حفاظتِ حدیث بذریعہ روایت و کتابت

رسولِ کریم ﷺ کی زندگی کے بیان و روایت کرنے کو 'حدیث' کہا جاتا ہے۔ صحابہ کرامؓ، تابعین کو اور تابعین، تبع تابعین کو اللہ کے رسولؐ کی زندگی اور معمولات سے آگاہ کرنے کے لئے احادیث روایت کرتے رہے۔ اس دور میں لکھنے کا رواج اس قدر عام نہیں تھا۔ اسی لئے نبی کریم ﷺ اور صحابہ کرامؓ لکھنے کی بجائے زبانی روایت اور حفظ کو ترجیح دیتے تھے اور یہ ایک تجرباتی بات ہے کہ انسان جس چیز کو زیادہ استعمال کرتا ہے، وہی چیز زیادہ قوی ہوجاتی ہے۔ اس طرح اس دور میں حافظہ انتہائی قوی ہوتا تھا لیکن اس کے باوجود ایسی چیزیں جن کا تعلق حساب و کتاب اور شماریات سے ہوتا، بعض صحابہ اسے

لکھ لیا کرتے۔ نیز وہ صحابہ جنہیں یہ خدشہ ہوتا کہ آنحضرت کی بتائی ہوئی حدیثیں ہمیں بھول نہ جائیں، وہ بھی احادیث لکھ کرانہیں محفوظ کرنے کی کوشش کرتے...:

۱. حضرت علیؓ کو لوگوں کے جھگڑوں کو حل کرنے میں زیادہ دلچسپی تھی، اسی لئے آنحضرت ﷺ نے ان کے بارے میں فرمایا تھا کہ:"أقضاکم علي" (بخاری، کتاب التفسیر) "علیؓ تم میں جھگڑوں کے فیصلے میں سب سے زیادہ ماہر ہیں"... چونکہ قضا میں ان کی خصوصی دلچسپی تھی، اس لئے انہوں نے قصاص و دیت وغیرہ کے حوالے سے بعض چیزیں لکھ کر اپنے پاس محفوظ کر رکھی تھیں۔ جیسا کہ صحیح بخاری میں ہے:

"ابو جُحیفہ فرماتے ہیں کہ میں نے حضرت علیؓ سے پوچھا کہ آپ کے پاس کوئی کتاب ہے؟ انہوں نے جواب دیا: نہیں، البتہ ہمارے پاس یہ اللہ کی کتاب (قرآن مجید) ہے یا وہ فہم و فراست ہے جو مسلمان آدمی کو عطا کی جاتی ہے یا پھر یہ صحیفہ ہے۔ میں نے کہا کہ اس صحیفہ میں کیا ہے؟ انہوں نے کہا کہ اس میں دِیت اور قیدیوں کو چھڑانے کے مسائل ہیں اور اس میں یہ (حدیث) بھی (تحریر) ہے کہ کسی مسلمان کو کسی کافر کے بدلے میں قتل نہ کیا جائے۔"

(بخاری: کتاب العلم، باب کتابۃ العلم، حدیث نمبر ۱۱۱)

۲. اسی طرح حضرت عبد اللہ بن عمرو بن عاصؓ کو اللہ کے رسولؐ کے فرمودات جمع کرنے کا بڑا شوق تھا اور وہ ہر وقت اسی کوشش میں رہتے کہ آنحضرت ﷺ کی زبانِ مبارک سے جب بھی کوئی بات نکلے میں فوراً اسے ضبطِ تحریر میں لے آؤں۔ حتیٰ کہ لوگوں نے ان پر اعتراض کرنا شروع کر دیا کہ اللہ کے رسولؐ کبھی غصے اور کبھی خوشی کی حالت میں ہوتے ہیں اور تم اللہ کے رسولؐ کی ہر بات لکھ لیتے ہو؟ عبد اللہؓ فرماتے ہیں کہ پھر میں احادیث لکھنے سے رُک گیا اور میں نے رسولؐ اللہ سے اس کا ذکر کیا تو آپؐ نے

فرمایا:

« اکتب فوالذي نفسي بیده مایخرج منه إلا حق » (احمد:۲/ ۱۶۲، ابو داود:۳۶۴۶)

(ہر حال میں) لکھا کرو، اس ذات کی قسم جس کے ہاتھ میں میری جان ہے، میری زبان سے حق کے سوا کچھ نہیں نکلتا...

حضرت عبداللہ بن عمروؓ کی لکھی ہوئی چیزیں محفوظ رہیں اور وہ آگے اولاد دَر اولاد منتقل ہوتی گئیں۔

۳. یاد رہے کہ ان چیزوں میں زیادہ نمایاں وہ احادیث تھیں جن کا تعلق زکوٰۃ وغیرہ سے تھا۔ عرب معاشرے میں زکوٰۃ کا زیادہ تر تعلق چوپایوں سے تھا، اس لئے کہ وہ لوگ زیادہ تر اونٹ، گائے اور بھیڑ بکریاں پالتے تھے اور انہیں زکوٰۃ کے لئے ان کے اَعداد و شمار کو مد نظر رکھنا پڑتا تھا۔ اس سلسلے میں یہ حدیث بڑی معروف ہے کہ حضرت ابو بکرؓ نے اپنے عاملوں کے لئے زکوٰۃ کے وہ احکامات تحریری طور پر روانہ کئے جو آنحضرت ﷺ نے طے کر دیئے تھے۔ (دیکھئے: بخاری: کتاب الزکوٰۃ، باب زکوٰۃ الإبل، باب زکوٰۃ الغنم، باب العرض في الزکوٰۃ)

حفاظتِ حدیث بذریعہ تعامل

اصحابِ صفہ کی یہ کوشش ہوتی کہ وہ آنحضرت ﷺ کے اقوال و افعال کی روشنی میں دین حاصل کریں۔ اس وقت دینی تعلیم کے حصول کا کوئی باقاعدہ کتابی طریقہ مروّج نہیں تھا بلکہ صحابہ کرامؓ آنحضرت ﷺ کے افعال اور آپؐ کے فرمودات سے دین سیکھتے اور جو شخص جس قدر زیادہ آپؐ کی معیت حاصل کرنے میں کامیاب ہوتا، وہ اسی قدر علم دین میں دوسروں کی بہ نسبت آگے ہوتا اور اس مقصد کے حصول کے لئے صحابہ کرامؓ نے آپس میں باریاں طے کر رکھی تھیں کہ ایک دن ایک صحابی اللہ کے رسولؐ کے

پاس آکر دین سیکھتا اور اس کا کام کاج کوئی دوسرا اصحابی سنبھالتا پھر دوسرے دن یہ صحابی کام کرتا اور دوسرے کو موقع دیتا کہ آج وہ اللہ کے رسولؐ کی خدمت میں حاضری دے۔ آنحضرت ﷺ کی لائی ہوئی شریعت صحابہ کرامؓ کی زندگیوں میں عملی طور پر رچ بس جانے کی وجہ سے محفوظ ہوتی چلی گئی۔ دوسرے الفاظ میں، آنحضرت ﷺ کی زندگی میں پائے جانے والے عمومی اعمال وافعال جب صحابہ کرامؓ کی زندگیوں میں منتقل ہوگئے تو گویا خود آنحضرت ﷺ کی زندگی عملی طور پر محفوظ ہوگئی اور اسے ہی 'تعامل' کہا جاتا ہے۔ یہی تعامل حضورؐ کی زندگی کو تسلسل کے ساتھ اگلے لوگوں میں نسل دَر نسل بڑھاتا رہا ہے۔ لیکن اس تعامل میں اگر کہیں کوئی غلطی، تبدیلی یا اختلاف پیدا ہوتا تو وہاں احادیث (روایات) ہی کو 'فیصلہ کن' بنایا جاتا اور احادیث کی روشنی میں یہ فیصلہ کیا جاتا کہ تعامل میں کون سی چیز احادیث کے مطابق ہے اور کون سی مخالف؟ گویا رسولِ کریم ﷺ کی زندگی کو آگے بڑھانے کے لئے اصل اور بنیاد یہ تعامل ہی ہے لیکن اس تعامل میں بوقتِ اختلاف، روایات کی روشنی میں فیصلہ کیا جائے گا۔

علاوہ ازیں یہ بات بھی یاد رہے کہ تعامل کا یہ سلسلہ صحابہ کرامؓ، تابعین عظام اور تبع تابعین تک معیاری اور قابل اعتبار تسلیم کیا جاتا ہے، کیونکہ آنحضرت ﷺ کی اس حدیث کہ «خير الناس قرني ثم الذين يلونهم ثم الذين يلونهم» (بخاری: ۳۶۵۱) "لوگوں میں سے سب سے بہترین زمانہ میرا ہے پھر ان کا جو میرے بعد ہیں، پھر اُن کا جو اُن کے بعد ہیں۔" کے مطابق یہ معیاری معاشرہ تبع تابعین کے دور کے اَواخر یعنی تقریباً ۲۲۰ھ تک کا ہے۔k پھر اس کے بعد کے تعامل کی وہ حیثیت نہیں جو اس (۲۲۰ھ) سے پہلے کے تعامل کی ہے۔ لیکن اس کا یہ معنی ہرگز نہیں کہ خیر القرون کا ہر تعامل حجت ہے بلکہ اس دور کا تعامل آنحضرت ﷺ کی زندگی کو مثبت طور پر پیش کرنے میں بڑا کردار

رکھتا ہے۔ البتہ اگر کسی جگہ کوئی اختلاف یا تبدیلی نظر آئے تو وہاں فیصلہ کن حیثیت صحیح احادیث وروایات ہی کو حاصل ہو گی۔

یاد رہے کہ خیر القرون کے تعامل کو تو ایک طرح سے بڑی اہمیت حاصل ہے مگر اس کے بعد چونکہ معاشرے معیاری نہ رہے، اس لئے بعد والے معاشروں کے تعامل کی کوئی حیثیت نہیں۔ اس لئے جن لوگوں نے خیر القرون کے بعد والے معاشروں کے تعامل کو بھی حجت قرار دینے کی کوشش کی ہے وہ غلطی پر ہیں۔ بلکہ بعض لوگوں نے بڑا عجیب فلسفہ پیش کیا ہے کہ جن چیزوں (مسائل) میں اختلاف نہیں، وہ تعامل میں شامل کر دی ہیں مثلاً نماز کے رکوع، سجود، تشہد، قیام وغیرہ میں اختلاف نہیں، اس لئے کہہ دیا کہ یہ چیزیں تعامل سے ثابت ہیں اور یہ تعامل آج تک باقی ہے اور جن چیزوں میں اختلاف ہے مثلاً رکوع جانے اور رکوع سے سر اٹھاتے وقت رفع الیدین کرنا یا آمین جہری یا سری کہنا وغیرہ، ایسے مسائل کے بارے میں کہا کہ یہ تعامل سے ثابت نہیں، حالانکہ تعامل کے نام پر ایسی تقسیم خود ساختہ ہے۔

تعامل امت اور روایتِ سنت ساتھ ساتھ

اللہ تعالیٰ کی خاص حکمت ہے کہ جس طرح خیر القرون (۲۲۰ھ تک) کا تعامل ایک اہمیت وحیثیت رکھتا ہے، اسی طرح خیر القرون کے ختم ہونے تک احادیث کی باقاعدہ اور بنیادی کتابیں بھی تقریباً مدوّن ہو چکی تھیں مثلاً دنیا میں اس وقت حدیث کی سب سے پہلی کتاب ہمام بن مُنبہ (معروف تابعی اور حضرت ابو ہریرہؓ کے شاگردِ رشید) کا وہ صحیفہ ہے جو اس وقت چھپ چکا ہے۔ پہلے یہ مخطوطے کی شکل میں محفوظ تھا جسے ڈاکٹر حمید اللہؒ (پیرس) نے تگ و دَو کر کے شائع کروایا۔ اسی طرح امام مالکؒ جن کی تاریخ پیدائش ۹۵ھ (یا ۹۷ھ) اور تاریخ وفات ۱۷۹ھ ہے، ان کی حدیث کی معروف کتاب

الموطأ آج بھی موجود اور معروف ہے اور یہ کتاب بھی خیر القرون کے اختتام سے پہلے باقاعدہ کتابی شکل میں منظر عام پر آگئی تھی۔ اسی طرح امام بخاری کی تاریخ پیدائش بھی ۲۲۰ھ سے پہلے کی ہے۔

اس طرح خیر القرآن کے تعامل کے ساتھ ساتھ روایات کا کتابی صورت میں مدوّن ہو کر سامنے آنا نعم البدل قرار پاتا ہے۔ یعنی خیر القرون کے بعد معاشرے غیر معیاری ہوتے چلے گئے لیکن تب تک کتابی صورت میں اللہ کے رسولؐ کی زندگی ایک متبادل کے طور پر محفوظ ہو کر سامنے آچکی تھی اور پھر ان روایات کو باقاعدہ اسناد کے ساتھ جمع کیا گیا۔ اگرچہ اسناد کا یہ سلسلہ چھٹی اور ساتویں ہجری تک بھی چلتا رہا لیکن تیسری صدی ہجری میں مدوّن ہونے والی کتبِ احادیث ہی زیادہ تر مراجع و مصادر کی حیثیت اختیار کر گئیں۔ پھر لطف کی بات یہ ہے کہ ان کتابوں کے مؤلفین (محدثین) نے احادیث کو باسند روایت کیا ہے اور بعض محدثین نے اپنی کتابوں میں احادیث کی صحت کا خاص اہتمام بھی کیا ہے جبکہ دیگر محدثین نے مطلق طور پر روایات کو اسناد کے ساتھ پیش کر دیا تاکہ بعد میں بھی اگر کوئی شخص کسی روایت کی تحقیق کرنا چاہے تو وہ اس روایت میں مذکور راویوں کے حالات کو سامنے رکھتے ہوئے اُصولِ حدیث کی مدد سے بآسانی یہ تحقیق کرلے گا کہ کون سی روایت صحیح ہے اور کون سی ضعیف...؟

احادیث کے حجت ہونے کیلئے کتابت کی شرط کی حیثیت

منکرین حدیث کے اس اعتراض کا جواب تقریباً واضح ہو چکا ہے لیکن اس اعتراض کی قلعی کھولنے کیلئے ایک جدید مثال پیش خدمت ہے، جس سے یہ واضح ہو گا کہ کسی چیز کے معیار و حجت اور آئین و دستور ہونے کیلئے 'کتابت' (یعنی اس چیز کا پہلے سے لکھا ہونا) کوئی ضروری نہیں... برطانوی معاشرے کا اصل دستور وہ رسوم و روایات ہیں جو ان کے

ہاں شروع سے چلی آتی ہیں اور یہ رسوم وروایات باقاعدہ تحریری شکل میں موجود نہیں بلکہ برطانوی معاشرے کا تعامل ہی اس دستور کا محافظ ہے۔ اگر کہیں ان کے ہاں لوگوں میں کسی چیز میں اختلاف پیدا ہو جائے تو اس کا فیصلہ کرنے کیلئے ان کی عدالتیں یہ دیکھتی ہیں کہ اس قضیہ میں برطانوی معاشرے کا رواج کیا کہتا ہے اور پھر اسی رواج کے مطابق عدالت فیصلہ کرتی ہے۔

یاد رہے کہ ہر معاشرہ اپنے معاملات میں اپنا ایک خاص معیار رکھتا ہے اور اس معاشرے کے لوگ اس معیار کو فطری طور پر قائم رکھتے ہیں لیکن جب کسی معاشرے میں بیرونی پیوندکاری یا دوسری قوموں اور علاقوں کے لوگوں کا اختلاط وامتزاج بڑھ جاتا ہے تو پھر وہ معاشرہ اپنے معاملات کے لحاظ سے معیاری نہیں رہتا کیونکہ دوسری قوموں کی عادات واطوار بھی اس میں شامل ہونے لگتے ہیں اور ایسی صورت میں ان کے لئے اپنے معاشرے کو معیاری رکھنا ناممکن ہو جاتا ہے۔ اسی طرح برطانیہ میں جب باہر کے لوگوں کی ایک بہت بڑی تعداد آکر آباد ہوگئی تو ان کے لئے معاشرتی رسوم وروایات کے معیار کو برقرار رکھنا مشکل ہو گیا اور اس مشکل کو حل کرنے کے لئے اب انہوں نے آہستہ آہستہ اپنا دستور تحریری طور پر مرتب کرنا شروع کر دیا ہے لیکن اس کے باوجود ابھی تک برطانیہ کا بنیادی دستور غیر تحریری شکل میں ہے۔ اس غیر تحریری دستور کے حوالہ سے کبھی کسی نے یہ اعتراض نہیں کیا کہ چونکہ یہ تحریر شدہ نہیں، لہٰذا قابل قبول نہیں۔ بلکہ غیر تحریری ہونے کے باوجود اسے دستور کی حیثیت حاصل رہی ہے!!

اس سے یہ معلوم ہوا کہ اگر بالفرض آنحضرت ﷺ یا صحابہ کے دور میں احادیث تحریر شدہ نہ تھیں تو اس کے باوجود وہ حجت و معتبر تھیں کیونکہ عملی طور پر وہ مسلمان معاشرے کا حصہ بن چکی تھیں اور یہ بات بھی یاد رہے کہ فی الواقع شروع شروع

میں آنحضرت ﷺ کی مکمل زندگی تحریری صورت میں نہیں ملتی لیکن اللہ کے رسولؐ کی زندگی (سنت) کے جن حصوں (احکامات) کے ضائع ہونے کا خدشہ تھا، وہ فوری طور پر حضورؐ کی موجودگی میں لکھ لی گئی تھیں اور پھر تبع تابعین کے دور کے اختتام تک اسے خیر القرون کے معاشرتی تعامل سے تحریری شکل میں بھی مدوّن کر کے محفوظ کر لیا گیا۔

نوٹ:

الف) اس سلسلہ میں حضرت عمرؓ کے حوالہ سے یہ روایت بڑی اہم ہے کہ وہ فرماتے ہیں:

"میں اور میرے ایک انصاری پڑوسی نے اللہ کے رسولؐ کے پاس (علم دین حاصل کرنے) جانے کے لئے باری مقرر کر لی کہ ایک دن میں اللہ کے رسول کے پاس جایا کروں گا اور ایک دن وہ۔ جب میری باری ہوتی تو میں وحی سے متعلقہ معلومات لے کر آتا تو اپنے ساتھی کو ان سے آگاہ کرتا اور جب اس کی باری ہوتی تو وہ بھی اسی طرح اللہ کے رسولؐ کے پاس جاتا اور جو وحی نازل ہوتی اس سے مجھے آکر آگاہ کرتا۔" (بخاری:۸۹) ... مرتب

ب) حافظ ابن حجرؒ نے اس موقف کو اختیار کیا ہے۔ (فتح الباری:۷/۶)

ج) اسی طرح عبدالرزاق بن ہمام صنعانیؒ جن کی احادیث و آثار پر مشتمل ایک جامع کتاب مصنف عبدالرزاق کے نام سے معروف ہے، یہ بھی ۱۲۶ھ تا ۲۱۱ھ یعنی خیر القرون کے دور کے محدث ہیں۔ اسی طرح ابو بکر بن ابی شیبہ کی مصنف بھی اسی دور میں لکھی جا چکی تھی۔ کیونکہ ابن ابی شیبہ کی تاریخ وفات ۲۳۵ھ ہے۔ اسی طرح امام شافعی (۱۵۰ھ تا ۲۰۴ھ) کی حدیث کی کتاب بھی اس وقت لکھی جا چکی تھی اور آج بھی مذکورہ بالا تینوں کتابیں موجود ہیں۔ اس کے علاوہ بھی کئی محدثین نے احادیث کی کتابیں اس دور میں تیار کر لی تھیں جن میں سے چند ایک آج بھی کتب خانوں میں موجود ہیں۔

(مرتب)

د) علاوہ ازیں یہ بات بھی پیش نظر رہے کہ اگر یہ شرط لگادی جائے کہ صرف وہی چیز حجت و معتبر ہوتی ہے جو لکھی ہوئی ہو تو پھر بذاتِ خود قرآنِ مجید بھی اس شرط پر پورا نہیں اترے گا۔ اس لئے کہ قرآن مجید غیر مکتوب شکل میں وقفہ دَر وقفہ تیئس ۲۳ر سالوں میں اللہ کے رسولؐ کے دِل پر نازل ہوتا رہا اور آپؐ اسے پڑھتے تو صحابہ کرامؓ آپؐ سے سن کر اسے یاد کرلیتے۔ لہٰذا قرآنِ مجید کی موجودہ کتابی صورت آنحضرت کے دور میں ہرگز ایسی نہ تھی بلکہ اسے آپؐ کی وفات کے بعد سب سے پہلے ابوبکرؓ اور پھر حضرت عثمانؓ نے کتابی صورت میں جمع کیا۔ (مرتب)

عہدِ نبوی میں کتابتِ حدیث (مختصر تحقیقی جائزہ)

محمد نعیم

حدیثِ نبوی کے بارے میں عموماً یہ اعتراض کیا جاتا ہے کہ احادیث تو نبی اکرم ﷺ کے ڈیڑھ صدی بعد لکھی گئی ہیں، اس لئے ان میں غلطی کے امکانات بہت زیادہ ہیں لہٰذا احادیث سے استدلال کرنے اور اس کو ماخذِ دین سمجھنے سے گریز کرنا چاہئے۔ حقیقت یہ ہے کہ اس طرح کے شبہات پیدا کر کے حدیثِ نبوی کو مشکوک بنانے کی جسارت کرنے والے لوگ احکامِ دین سے ہی جان چھڑا کر دین میں من مانی تاویلات کا دروازہ کھولنا چاہتے ہیں۔ آج تک مسلمانوں کا یہ متفقہ موقف چلا آتا ہے کہ حدیثِ نبوی، قرآن کے ساتھ دین کا اہم ترین ماخذ ہے۔ ہمارے اس خطے کی بد قسمتی ہے کہ یہ چند دہائیوں سے تواتر سے حدیث پر اعتراضات کرنے والوں کی زد میں ہے اور جدید تعلیمیافتہ ذہنوں میں حدیث کے بارے میں بہت سے شکوک و شبہات کو جنم دے کر دین سے انحراف کی راہ ہموار کی جارہی ہے۔

زیرِ نظر مضمون میں محترم مقالہ نگار نے بڑے مختصر انداز میں دورِ نبوی میں کتابتِ حدیث کے موضوع پر دادِ تحقیق دی ہے جس سے کم از کم اس اعتراض کی حقیقت کھلتی ہے کہ "احادیث عہدِ نبوی سے ڈیڑھ صدی بعد کی پیداوار ہیں۔" اپنے اختصار کی وجہ سے یہ مضمون مکتوب احادیث کی ایک فہرست ہی ہے۔ اس موضوع پر مزید مباحث اور اٹھائے گئے اعتراضات کے تفصیلی و تحقیقی تجزیہ کے لئے محدث کے گذشتہ شمارہ جات

میں بکثرت مضامین موجود ہیں۔مثال کے طور پر شمارہ ۲۳/۵ میں 'صحیح بخاری کے تحریری مآخذ' از ڈاکٹر خالد ظفر اللہ اور شمارہ ۱۴/۵،۴ میں 'احادیث کی کتابت اور عدمِ کتابت کے نبویؐ فرامین میں تطبیق' پر ڈاکٹر عبد الرءوف ظفر کا ۲/ اقساط میں گرانقدر مقالہ وغیرہ قابل مطالعہ ہیں۔مزید تفصیل کے خواہشمند قارئین محدث کے محولہ بالا شمارہ جات اور دیگر مضامین کی طرف رجوع کریں۔

(حسن مدنی)

اسلام علاج ہے انسانی زندگی کی تمام احتیاجات کا۔ اسلام کے معنی ہیں پورے طور پر اپنے آپ کو اللہ کے سپرد کر دینا۔ اسلام نام ہے اللہ تعالیٰ کے ارشادات اور خاتم النّبیین ﷺ کے اسوۂ حسنہ کا یا یوں کہیے کہ اسلام قرآن و سنت کے مجموعے کو کہتے ہیں۔ آنحضرت ﷺ نے دین حق کے لیے مخلص مؤمنوں کی ایک جماعت تیار کی تھی جس نے اسلام کو سمجھا، اس کے مطابق اپنی زندگیوں کو ڈھالا اور اسے آئندہ نسلوں تک پہنچانے کا اہتمام کیا۔ نبی کریم ﷺ کے صحابہ کرامؓ نے نہ صرف قرآنِ مجید ہی کی دل وجان سے حفاظت کی بلکہ سنتِ رسول کی بھی حفاظت کا حق ادا کر دیا۔ اسی لیے حفاظتِ حدیث کا اہتمام عہدِ نبویؐ ہی میں شروع ہو چکا تھا۔ کیونکہ رسول اللہ ﷺ کی زبان سے نکلے ہوئے الفاظ اور آپ کی ذات سے صادر شدہ احکام وافعال کو محفوظ کرنا دینی فریضہ بن گیا تھا۔ صحابہ کرامؓ کی جماعت آپ کے ان ارشادات کی اَمین تھی۔ حفاظتِ حدیث کے لیے صرف حفظ کا طریقہ ہی اختیار نہ کیا گیا بلکہ احادیث کے لکھنے کا بھی اہتمام کیا گیا ہے۔ نبی کریم ﷺ کے عہد کا مکتوب ذخیرہ محفوظ ہے اور عقل عام رکھنے والا آدمی اندازہ کر سکتا ہے کہ عہدِ نبوی میں کتابت حدیث کا باقاعدہ اہتمام تھا۔(۱)

احادیث کے حفظ وروایت کی تاکید

احادیث کے حفظ وروایت کی تاکید مندرجہ ذیل احادیث سے ثابت ہوتی ہے:

۱. نبی کریم ﷺ نے فرمایا: « حدّثوا عني » "مجھ سے حدیث بیان کرو"(۲)

۲. حضرت عبداللہ بن عمرؓ روایت کرتے ہیں کہ نبی کریم ﷺ نے فرمایا « بلّغوا عني ولو آیة » میری طرف سے (لوگوں کو میرا پیام) پہنچاؤ خواہ ایک ہی آیت ہو(۳)

۳. حضرت ابو بکر صدیقؓ روایت کرتے ہیں کہ نبی کریم ﷺ نے فرمایا

« لیبلّغ الشاهد الغائب فإن الشاهد عسی أن یبلغ من هو أوعی له منه »

"اور ضروری ہے کہ حاضر شخص غائب کو یہ حکم پہنچا دے کیونکہ ممکن ہے کہ جس شخص کو یہ حکم پہنچایا جائے وہ حاضرین سے زیادہ اس کو محفوظ کرنے والا ہو۔"(۴)

حضرت عبداللہ بن مسعودؓ فرماتے ہیں کہ میں نے رسول اللہ ﷺ سے سنا:

« نضّر الله امرأ سمع منا شیئا فبلغه کما سمعه فربّ مبلَّغ أوعی من سامع »

"اللہ تعالیٰ اس شخص کے چہرے کو تروتازہ رکھے جس نے ہم سے کوئی چیز سنی اور پھر بالکل اسی طرح دوسروں تک پہنچا دی جس طرح سنی تھی، اس لیے کہ بہت سے ایسے لوگ جنہیں حدیث پہنچے گی وہ سننے والے سے زیادہ یاد رکھنے والے ہوں گے۔"(۵)

گیارہ ہزار صحابہ کرامؓ ایسے ہیں جن کے نام ونشان آج تحریری صورت میں موجود ہیں۔ جن میں سے ہر ایک نے کم وبیش آنحضرت ﷺ کے اقوال وافعال وواقعات میں سے کچھ نہ کچھ حصہ دوسروں تک پہنچایا ہے یعنی جنہوں نے روایتِ حدیث کی خدمت انجام دی ہے۔(۶)

صحابہ کرامؓ کا اہتمامِ سماعت؛ حفظ وکتابتِ حدیث

حضرت عمرؓ کہتے ہیں کہ "میں اور میرا ایک انصاری ہمسایہ قبیلہ بنو اُمیہ بن زید میں رہتے تھے اور یہ قبیلہ مدینہ کے باہر پورب (مشرق) کی طرف رہتا تھا۔ ہم دونوں رسول اللہ ﷺ کی خدمت میں باری باری حاضر ہوتے، ایک روز وہ جاتا تھا اور ایک روز میں۔ میں جب جاتا تھا تو اس دن کی وحی وغیرہ سے متعلق خبریں اس انصاری کو بتا دیتا اور جس دن وہ جاتا، وہ بھی یوں ہی کرتا تھا۔"(۷)

حضرت انسؓ فرماتے ہیں کہ جب ہم نبی کریم ﷺ سے احادیث سن کر آتے تو مل کر دہرایا کرتے حتیٰ کہ وہ اَزبر ہو جاتیں۔(۸)

حضرت ابو سعیدؓ خدری فرماتے ہیں کہ ہم حضورؐ کے گرد بیٹھے ہوئے حدیث سنتے اور لکھتے تھے۔(۹)

حضرت ابو ہریرہؓ فرماتے ہیں کہ حضور کے صحابہؓ میں کوئی شخص ایسا نہ تھا جس کو مجھ سے زائد حدیثیں یاد ہوں، ہاں عبداللہ بن عمروؓ کو (حدیثیں مجھ سے زائد یاد تھیں) کیونکہ وہ لکھ لیتے تھے اور میں لکھتا نہ تھا۔(۱۰)

حضرت سُلَمِی فرماتے ہیں کہ میں نے عبداللہ بن عباسؓ کو دیکھا کہ لکھنے کی تختیاں ان کے پاس تھیں، ان پر وہ ابو رافع سے رسول اللہ ﷺ کے کچھ افعال لکھ کر نقل کر رہے ہیں۔(۱۱)

کتابتِ حدیث کے لیے احکامِ نبوی ﷺ

۱. حضرت عبداللہ بن عمروؓ فرماتے ہیں کہ میں رسول اللہ ﷺ کی خدمت میں حاضر ہوا اور عرض کیا کہ میں چاہتا ہوں کہ آپ کی احادیث روایت کروں۔ میرا ارادہ ہے کہ میں دل کے ساتھ ہاتھ سے لکھنے کی مدد بھی لوں، اگر آپ پسند فرمائیں تو رسول اللہ ﷺ نے فرمایا:

« إن کان حدیثي ثم استعن بیدک مع قلبک » (۱۲)

"اگر میری حدیث ہو تو اپنے دل کے ساتھ اپنے ہاتھ سے بھی مدد لو۔"

۲. حضرت ابوہریرہؓ فرماتے ہیں کہ ایک انصاری آنحضرت ﷺ کی مسجد میں بیٹھا کرتے اور احادیث سنتے تھے۔ وہ انہیں بہت پسند آتیں لیکن یاد نہیں رہتی تھیں، چنانچہ انہوں نے آپ سے شکایت کی کہ یارسول اللہ! میں آپ سے حدیثیں سنتا ہوں لیکن مجھے یاد نہیں رہتیں، آپ نے فرمایا:

« استعن بیمینک وأومأ بیدہ الخط » (۱۳)

"اپنے دائیں ہاتھ سے مدد حاصل کرو اور آپ نے اپنے ہاتھ سے لکھنے کا اشارہ کیا۔"

۳. حضرت رافعؓ بن خدیج فرماتے ہیں کہ میں نے حضور ﷺ کی خدمت میں عرض کیا کہ ہم آپ سے بہت سی باتیں سنتے ہیں کیا ہم انہیں لکھ لیا کریں... آپ نے فرمایا : « اکتبوا ولا حرج » "لکھ لیا کرو کوئی حرج نہیں" (۱۴)

۴. حضرت ابوہریرہؓ فرماتے ہیں کہ آنحضرت ﷺ نے ایک مرتبہ خطبہ دیا۔ یہ سن کر ایک یمنی شخص (ابوشاہ) نے حاضر ہو کر عرض کیا، یارسول اللہ! یہ (سب احکام) مجھے لکھ دیجئے۔ آپ نے فرمایا:

« اکتبوا لأبي فلان » "ابوفلاں کو لکھ دو" (۱۵) اور ترمذی کی روایت میں ہے کہ

« اکتبوا لأبي شاہ » "ابوشاہ کو لکھ دو" (۱۶)

۵. حضرت عبداللہ بن عمروؓ فرماتے ہیں کہ میں رسول اللہ ﷺ کی زبان سے جو لفظ سنتا تھا اسے یاد کرنے کے لیے لکھ لیا کرتا تھا۔ پھر قریش نے مجھے لکھنے سے منع کیا اور کہا تم ہر بات لکھ لیتے ہو حالانکہ رسول اللہ بشر ہیں۔ غصے اور خوشی دونوں حالتوں میں باتیں کرتے ہیں یہ سن کر میں نے لکھنا چھوڑ دیا پھر میں نے رسول اللہ ﷺ سے اس کا ذکر

کیا۔ آپ نے انگلی سے اپنے منہ کی طرف اشارہ کیا اور فرمایا:

« أكتب فوالذي نفسي بيده ما يخرج منه إلا حق » (١٧)

"قسم ہے اس ذات کی جس کے قبضے میں میری جان ہے، ان دونوں ہونٹوں کے درمیان (زبان) سے حق کے سوا کچھ نہیں نکلتا، اس لیے تم لکھا کرو۔"

٦ حضرت عبد اللہ بن عمروؓ بن العاص کا بیان ہے کہ رسول اللہ ﷺ نے فرمایا:

« قيّدوا العلم قلت وما تقييده؟ قال كتابته » (١٨)

"علم کو قید کرو... میں نے پوچھا: علم کی قید کیا ہے؟ آپ نے فرمایا: اسے لکھنا..."

٧. حضرت انسؓ کا بیان ہے کہ رسول اللہ ﷺ نے فرمایا کہ:

« قيّدوا العِلمَ بالكتاب » "علم کو لکھ کر محفوظ کرلو" (١٩)

علم سے مراد علم حدیث ہے اسلئے کہ اَسلاف کے ہاں یہ لفظ رائے کے مقابلے میں استعمال ہوتا ہے۔

٨. نبی کریم ﷺ کے آزاد کردہ غلام حضرت ابو رافعؓ نے بھی احادیث لکھنے کی اجازت مانگی تو آپ نے اجازت مرحمت فرمائی۔ (٢٠)

عہدِ نبویؐ میں لکھی گئی احادیث اور ان کے مجموعے

(١) حضرت رافعؓ بن خدیج سے روایت ہے کہ مدینہ ایک حرم ہے جسے رسول اللہ ﷺ نے حرم قرار دیا ہے اور یہ ہمارے پاس ایک خولانی چمڑے پر لکھا ہوا ہے۔ (٢١)

(٢) رسول اللہ ﷺ کی تلوار کے قبضے میں سے ایک کاغذ ملا جس میں لکھا تھا کہ "اندھے کو رستے سے بھٹکانے والا ملعون ہے، زمین کا چور ملعون ہے، احسان فراموش ملعون ہے" (٢٢)

(٣) کتاب الصدقۃ: حضرت عبد اللہ بن عمرؓ سے روایت ہے کہ رسول اللہ ﷺ

نے کتاب زکوۃ لکھوائی لیکن ابھی اپنے عمال کو بھیج نہ پائے تھے کہ آپ کی وفات ہو گئی۔ آپ نے اسے اپنی تلوار کے پاس رکھ دیا تھا۔ آپ کی وفات کے بعد حضرت ابو بکر نے اپنی وفات تک اس پر عمل کیا پھر حضرت عمرؓ نے اپنی وفات تک۔(۲۳)

(۴) صحیفہ صادقہ: حضرت عبد اللہ بن عمرو نے نبی کریم ﷺ کی احادیث سے ایک صحیفہ مرتب کیا جسے 'صحیفہ صادقہ' کے نام سے یاد کیا جاتا ہے۔ حضرت عبد اللہ بن عمرو کا بیان ہے کہ "صادِقہ ایک صحیفہ ہے جو میں نے رسول اللہ ﷺ سے سن کر لکھا ہے۔"(۲۴)

(۵) صحیفہ علی: حضرت علی نے فرمایا کہ ہمارے پاس کچھ نہیں، سوائے کتاب اللہ کے اور اس صحیفہ کے جو نبی ﷺ سے منقول ہے (۲۵)... صحیح بخاری کی دوسری روایت کے مطابق اس صحیفہ میں دیت اور قیدیوں کے چھڑانے کے احکام ہیں اور یہ حکم کہ کافر، حربی کے (قتل کے) عوض مسلمان کو نہ مارا جائے۔(۲۶)

(۶) حضرت اَنسؓ کی تالیفات: حضرت انسؓ نبی کریم ﷺ کی خدمت میں دس برس رہے۔ آپ نے عہدِ رسالت ہی میں احادیث کے کئی مجموعے لکھ کر تیار کر لیے تھے۔ ان کے شاگرد سعید بن ہلال فرماتے ہیں کہ ہم جب حضرت انس سے زیادہ اصرار کرتے تو وہ ہمیں اپنے پاس سے بیاض نکال کر دکھاتے اور کہتے کہ "یہ وہ احادیث ہیں جو میں نے نبی ﷺ سے سنتے ہی لکھ لی تھیں اور پڑھ کر بھی سنا دی تھیں"(۲۷)

(۷) صحیفہ عمرو بن حزمؓ: ۱۰ھ میں جب یمن کا علاقہ نجران فتح ہوا تو رسول اللہ ﷺ نے عمرو بن حزم کو یمن کا عامل بنا کر بھیجا تو انہیں ایک عہد نامہ تحریر فرما دیا جس میں آپ نے شرائع و فرائض و حدودِ اسلام کی تعلیم دی تھی۔(۲۸)

(۸) قبیلہ جُہینہ کے نام تحریر: عبد اللہ بن عکیم روایت کرتے ہیں کہ رسول اللہ

ﷺ کی ایک تحریر (ہمارے قبیلہ جہینہ) کو پہنچی۔(۲۹)

(۹) اہل جرش کے نام خط: نبی کریم ﷺ نے ایک نامہ مبارک اہل جرش کو بھیجا تھا۔ جس میں کھجور اور کشمش کی مخلوط نبیذ کے متعلق حکم بیان فرمایا گیا تھا۔ (۳۰)

(۱۰) حضرت معاذؓ نے یمن سے آنحضرت ﷺ سے لکھ کر دریافت کیا کہ کیا سبزیوں میں زکوٰۃ ہے؟ آپ نے تحریری جواب دیا کہ سبزیوں پر زکوٰۃ نہیں۔(۳۱)

(۱۱) عہدِ نبویؐ کے خطوط: عالم اسلام کے نامور مؤرخ ڈاکٹر حمید اللہؒ کا بیان ہے کہ عہدِ نبوی کے کوئی پونے تین سو مکتوب یکجا کیے جاچکے ہیں۔(۳۲)

(۱۲) تبلیغی خطوط: صلح حدیبیہ کے بعد آپ نے دنیا کے چھ مشہور حکمرانوں کے نام تبلیغی خطوط روانہ فرمائے اور ان پر اپنی مہر بطورِ دستخط ثبت فرمائی۔(۳۳)... قیصر و کسریٰ وغیرہ کے نام خطوط کا ذکر صحیح بخاری میں بھی موجود ہے اور خط پر مہر لگانے کیلئے چاندی کی انگوٹھی تیار کرنے کا ذکر بھی موجود ہے۔(۳۴)

(۱۳) نومسلم وفود کے لیے صحائف: جب حضرت وائل بن حجر نے (مدینہ سے) اپنے وطن لوٹنے کے ارادے پر رسول اللہ ﷺ کے حضور عرض کیا "یارسول اللہ! میری قوم پر میری سیادت کا فرمان لکھوا دیجئے" رسول اللہ ﷺ نے حضرت معاویہؓ سے تین ایسے فرمان لکھوا کر وائل کے سپرد فرمائے(۳۵)... آپ نے مندرجہ ذیل وفود کو بھی اسلامی احکام پر مشتمل صحیفے الگ الگ لکھوا کر عنایت فرمائے: وفد قبیلہ خثعم، وفد الریاویّین، وفد ثمالۃ والجدان۔(۳۶)

(۱۴) ایک مرتبہ کسی لشکر کے سردار کو حضور نے ایک خط دیا اور فرما دیا کہ جب تک تو فلاں فلاں مقام پر نہ پہنچ جائے اس کو نہ پڑھنا، وہ سردار جب مقامِ مقررہ پر پہنچا

تولوگوں کے سامنے حضور کا خط پڑھا اور سب کو اس کی اطلاع کر دی۔(۳۷)

(۱۵) تحریری معاہدے: ہجرت کے فوراً بعد مختلف قبائل عرب اور دوسری اَقوام سے آپ کے معاہدات کا سلسلہ شروع ہو گیا تھا۔ ڈاکٹر حمید اللہ صاحب نے "الوثائق السیاسیۃ" میں ایسے تحریری معاہدات کی بہت بڑی تعداد جمع کر دی ہے۔"دستورِ مملکت" جو ہجرت کے صرف پانچ ماہ بعد آپ نے نافذ فرمایا تھا، وہ بھی معاہدات ہی کے سلسلے کی اہم کڑی ہے۔ (۳۸)اسی طرح چھ ہجری میں صلح حدیبیہ کا معاہدہ تحریر کیا گیا۔ (۳۹)اس معاہدے کو حضرت علیؓ نے تحریر فرمایا تھا۔ اس کی ایک نقل قریش نے لے لی اور ایک آنحضرت ﷺ نے اپنے پاس رکھی۔(۴۰)

(۱۶) جاگیروں کے ملکیت نامے: رسول اللہ ﷺ نے بہت سے لوگوں کو جاگیریں عطا فرمائیں اور ان کے ملکیت نامے بھی تحریر کروا کے دیئے۔ مثلاً حضرت زبیر بن العوامؓ کو ایک بڑی جاگیر عطا فرماتے وقت یہ دستاویز لکھوا کر دی:

"یہ دستاویز محمد رسول اللہ ﷺ نے زبیر کو دی ہے ان کو سوارق پورا کا پورا بالائی حصے تک موضع مُورع سے موضع موقت تک دیا ہے، اس کے مقابلے میں کوئی اپنا حق اس میں نہ جتائے۔"(۴۱)

(۱۷) اَمان نامے: آپ نے بہت سے افراد اور خاندانوں کو امان نامے لکھوا کر عطا فرمائے۔ ان کا ذکر طبقاتِ ابن سعد میں بھی ملتا ہے اور البدایہ والنہایہ میں ہے کہ آپ نے حضرت ابو بکر صدیق کے آزاد کردہ غلام عامر بن فہیرہ سے ایک چمڑے کے ٹکڑے پر اَمان نامہ سراقہ بن مالک کو لکھوا دیا۔

(۱۸) بیع نامے: رسول اللہ ﷺ قیمتی اشیاء کی خرید و فروخت کے وقت ان کی دستاویز بھی لکھوایا کرتے تھے۔ عبد المجید بن وہب روایت کرتے ہیں کہ

"عداء بن خالد بن ہوذہ نے ان سے کہا: کیا میں تمہیں ایسی تحریر نہ پڑھاؤں جو رسول اللہ ﷺ نے میرے لیے تحریر کرائی تھی۔ انہوں نے کہا: کیوں نہیں! اس پر انہوں نے ایک تحریر نکالی، اس میں لکھا تھا: یہ اقرار نامہ ہے کہ عداء بن خالد بن ہوذہ نے محمد رسول اللہ ﷺ سے خریداری کی..."(۴۲)

حوالہ جات

(۱) حفاظتِ حدیث، ڈاکٹر خالد علوی / ۵ ص ۵۶ تا ۶۵

(۲) مسلم، الجامع الصحیح، کتاب الزہد ج ۶ ص ۵۰۱

(۳) کتاب العلم، بخاری، کتاب الانبیاء، باب ماذکر عن بنی اسرائیل ج ۲ ص ۶۹۲

(۴) الجامع الصحیح، از بخاری، کتاب العلم ج ۱ ص ۱۳۵

(۵) جامع ترمذی از محمد بن عیسیٰ ترمذی ج ۲ ص ۱۲۵

(۶) خطباتِ مدراس از سید سلیمان ندوی ص ۴۴

(۷) الجامع الصحیح، از بخاری کتاب المظالم ج ۲ ص ۱۴۵

(۸) الجامع لاخلاق الراوی وآداب السامع از خطیب بغدادی ج ۱ ص ۲۳۶

(۹) مجمع الزوائد از نور الدین، الہیثمی ج ۱ ص ۱۶۱

(۱۰) الجامع الصحیح از بخاری کتاب العلم ج ۱ ص ۱۵۸

(۱۱) الطبقات الکبریٰ لابن سعد ج ۲ ص ۳۷۱

(۱۲) سنن الدارمی از عبداللہ بن عبدالرحمن الدارمی ج ۱ ص ۱۲۶

(۱۳) جامع ترمذی ج ۲ ص ۱۲۸

(۱۴) تدریب الراوی از حافظ جلال الدین سیوطیؒ ص ۲۸۶

(۱۵) الجامع الصحیح از بخاریؒ کتاب العلم، ج ۱ ص ۱۵۷

(۱۶) جامع ترمذی ج ۲ ص ۱۲۸

(۱۷)سنن ابی داؤد ج۳ص۱۱۷

(۱۸)المستدرک از حاکم ج۱ص۱۰۶

(۱۹)جامع بیان العلم از ابن عبد البر اندلسی ج۱ص ۷۲

(۲۰)مقدمہ صحیفہ ہمام بن منبّہ از ڈاکٹر محمد حمید اللہ ص۳۳

(۲۱)الجامع الصحیح از مسلم ج۳ص۳۸۴

(۲۲)جامع بیان العلم از ابن عبد البر اندلسی ج۱ص ۷۲

(۲۳)جامع ترمذی ج۱ص۲۶۴

(۲۴)طبقات ابن سعد از ابن سعد ج۲ص۴۰۸

(۲۵)الجامع الصحیح از بخاری ج۲ص۴۴۶

(۲۶)الجامع الصحیح از بخاری ج۱ص۱۵۷

(۲۷) المستدرک از حاکم، ذکر انس بن مالک، دائرۃ المعارف، حیدر آباد، دکن

(۲۸)طبقات ابن سعد از ابن سعد ج۲ص۳۹

(۲۹)مشکوٰۃ المصابیح از خطیب بغدادی ج۱ص۱۶۵ نسائی ج۳ص۱۶۴

(۳۰)الجامع الصحیح لمسلم:۵/۲۴۰

(۳۱)خطباتِ مدراس از سید سلیمان ندوی ص۵۱

(۳۲)رسول اکرم ﷺ کی سیاسی زندگی از ڈاکٹر محمد حمید اللہ ص۳۱۱

(۳۳)طبقات ابن سعد از ابن سعد ج۲ص۲۹

(۳۴)الجامع الصحیح للبخاری ج۱ص۱۳۴

(۳۵)الوثائق السیاسیۃ از ڈاکٹر محمد حمید اللہ ص ۱۴۲تا۱۴۴

(۳۶)طبقات ابن سعد از ابن سعد ج۲ص۱۲۱تا۱۳۰

حفاظتِ حدیث میں حفظ کی اہمیت

علی احمد چودھری

حفظ کی اہمیت

اللہ تعالیٰ نے یوں تو انسان کو بے شمار نعمتیں عطا کی ہیں لیکن قوتِ حافظہ ان میں اہم ترین نعمت ہے۔ اللہ تعالیٰ کی اس خاص نعمت سے انسان مشاہدات و تجربات اور حالات و واقعات کو اپنے ذہن میں محفوظ رکھتا ہے اور ضرورت کے وقت انہیں مستحضر کرکے کام میں لاتا ہے۔ انسان کا قدیم ترین اور ابتدائی طریق حفاظت 'حفظ' تھا۔ تدریجاً وہ فن کتابت سے آشنا ہوا اور تہذیبوں کے ارتقا کے ساتھ کتابت کو فروغ ہوا۔ تہذیبوں کے اس نشیب و فراز کے ہر دور میں حافظہ کی حیثیت مسلم رہی۔

اہل عرب قبل از بعثتِ نبوی ﷺ ہزاروں برس سے اپنا کام تحریر و کتابت کے بجائے حافظہ سے چلانے کے خوگر تھے۔ ان کے تاجر لاکھوں روپے کا لین دین کرتے تھے اور کوئی لکھی پڑھی دستاویز نہ ہوتی تھی۔ پائی پائی کا حساب اور سینکڑوں گاہکوں کا تفصیلی حساب و تول زبان پر رکھتے تھے۔ انکی قبائلی زندگی میں نسب اور خونی رشتوں کی بڑی اہمیت تھی، پشت ہا پشت سے نسب نامے ان کے حافظے میں محفوظ رہتے تھے۔

عرب بے پناہ قوت حافظہ کے مالک تھے۔ ان کے شعرا، خطبا اور اُدبا ہزاروں اشعار، ضرب الامثال اور واقعات کے حافظ تھے۔ شجرہائے نسب کو محفوظ رکھنا ان کا معمول تھا بلکہ وہ تو گھوڑوں کے نسب نامے بھی یاد رکھتے تھے۔

ان کا سارا لٹریچر بھی کاغذ پر نہ تھا بلکہ لوحِ قلب پر لکھا ہوا تھا۔ وہ کاغذ کی تحریر پر اعتماد کرنے کی بجائے حافظے پر اعتماد کرنے کو زیادہ پسند کرتے تھے۔ انہیں اس پر فخر تھا اور ان کی نگاہ سے وہ شخص گر جاتا تھا جس سے بات پوچھی جائے اور وہ زبانی بتانے کی بجائے گھر سے کتاب لا کر اس کا جواب دے۔

ان کی یہ عادت اسلام کے بعد بھی تقریباً ایک صدی تک جاری رہی کہ وہ لکھنے کے باوجود یاد کرتے تھے اور تحریر پڑھ کر سنانے کی بجائے نوکِ زبان سے سنانا نہ صرف باعثِ عزت سمجھتے تھے بلکہ ان کے نزدیک آدمی کے علم پر اعتماد بھی اس طریقہ سے قائم رہتا تھا۔

موجودہ دور میں بھی مختلف اقوام میں ایسے بے شمار افراد پائے جاتے ہیں جن کے حافظوں کو بطورِ نظیر پیش کیا جاتا رہا ہے۔ خود مسلمان علما میں یہ جملہ مشہور رہا: «العلم في الصدور لا في الكتب» فی الحقیقت علم وہی ہے جو انسان کو مستحضر ہو۔ اس استحضار کے لئے حافظے کے سوا اور کوئی شے نہیں ہے۔

خود ہندوستان میں سید انور شاہ کشمیری، سید نذیر حسین محدث دہلوی، حافظ عبد المنان وزیر آبادی اور حافظ محمد محدث گوندلوی رحمہم اللہ بے نظیر حافظے کے مالک تھے۔

عربوں اور غیر عربوں میں آج بھی اس امر کا مشاہدہ کیا جاسکتا ہے کہ اَن پڑھ لوگ اور نابینا آدمی پڑھے لکھے اور بہت انسانوں کی نسبت زیادہ یادداشت رکھتے ہیں۔ ناخواندہ تاجروں میں ایسے لوگ بکثرت دیکھے جاتے ہیں جنہیں بہت سے گاہکوں کے ساتھ اپنا ہزارہا روپے کا لین دین تفصیل کے ساتھ یاد رہتا ہے۔ بے شمار اندھے ایسے موجود ہیں جن کی قوتِ حافظہ آدمی کو حیرت میں ڈال دیتی ہے۔ یہ اس بات کا قطعی ثبوت ہے کہ

تحریر پر اعتماد کرلینے کے بعد ایک قوم کے حافظے کی وہ حالت باقی نہیں رہ سکتی جو ناخواندگی کے دور میں اس کی تھی۔

عربوں کا تعلق جب کلامِ الٰہی سے ہوا تو ان کو رسولِ کریم ﷺ اور قرآنِ مجید سے بے پناہ عقیدت و محبت ہوئی۔ انہوں نے قرآن و حدیث کو حفظ کرنا شروع کیا۔ بے شمار صحابہؓ نے قرآن کو اپنے سینے سے لگالیا۔ جنگِ یمامہ میں تقریباً ۷۰ر حفاظِ قرآن صحابہ تھے جو شہید ہوگئے، جس کے خوف سے حضرت عمرؓ نے اس خدشہ کا اظہار کیا کہ اگر اس طرح حفاظ صحابہ دنیا سے اُٹھتے چلے گئے تو قرآن محفوظ نہ رہ سکے گا۔ ان کی اس تحریک پر حضرت ابو بکرؓ نے قرآن کو کتابی شکل میں مدوّن کیا۔

یوں بھی کوئی قرآن کی آیت ر سورت نازل ہوتی تو صحابہ اس کو اَزبر کرلیتے۔ یہی تعلق ان کا حدیثِ رسول ﷺ سے تھا۔

حفظِ حدیث، ارشاداتِ نبوی ﷺ کی روشنی میں

حضرت انس بن مالکؓ جو آپ کے خادمِ خاص تھے، کہتے ہیں کہ "ہم لوگ نبی کریم ﷺ کے پاس ہوتے اور حدیث سنتے جب ہم اٹھتے تو ایک دوسرے سے دہراتے حتیٰ کہ ہم اس کو ازبر کرلیتے۔"

ایک اور واقعہ بیان کرتے ہوئے حضرت انسؓ کہتے ہیں کہ

"ہم لوگ رسول اللہ ﷺ سے حدیثیں سنتے اور جب آپ مجلس سے تشریف لے جاتے تو ہم آپس میں حدیثوں کا دور کرتے۔ یکے بعد دیگرے ہم میں ہر شخص ساری حدیثیں بیان کرتا، اکثر رسولِ اکرم ﷺ کی محفل میں بیٹھنے والوں کی تعداد ساٹھ تک ہوجاتی اور وہ سب باری باری بیان کرتے۔ پھر ہم اُٹھتے تو حدیثیں یوں یاد ہوتیں کہ گویا وہ ہمارے دلوں پر نقش ہوگئی ہیں۔"(۱)

صحابہ زیادہ تر حفاظتِ حدیث کے سلسلہ میں سفینہ کے بجائے سینہ پر اعتماد کرتے تھے۔ ڈاکٹر صبحی صالح حفاظتِ حدیث کے ضمن میں لکھتے ہیں:

"حضور ﷺ کا کتابتِ حدیث سے منع کرنا اور حفظ کو اہمیت دینا، یہ آپ کی حکمتِ تدریس کا حصہ تھا تاکہ صحابہ کا حدیثِ رسول ﷺ سے ایک خاص تعلق اور ربط پیدا ہو جائے۔ یہ تربیت تدریجی اور اسلامی معاشرہ کے حوادث و اَحوال سے بالکل ہم آہنگ تھی۔ یہ تربیت جامد نہ تھی کہ ایک ہی شکل وصورت پر قانع رہتی، بلکہ اس میں اشخاص وازمنہ کے احوال ومقامات کا لحاظ رکھا جاتا تھا۔"(۲)

حضورِ کریم ﷺ نے جب اپنی دعوت کا آغاز کیا تو اس وقت عرب میں پڑھنے لکھنے کا رواج کم تھا۔ ایسے لوگوں کی تعداد تو اُنگلیوں پر گنی جاسکتی تھی جو لکھنا پڑھنا جانتے تھے۔ قرآن نے خود ان کو اَن پڑھ کہا جن کے اندر سے حضورؐ یہ دعوت لے کر اٹھے:

﴿هُوَ الَّذِى بَعَثَ فِى الْأُمِّيِّـنَ رَسُولًا مِنْهُمْ...۲﴾... سورة الجمعة "اللہ وہ ہے جس نے اَن پڑھوں میں انہی میں سے پیغمبر بھیجا۔"

طبقاتِ ابن سعدؒ کے حوالہ سے معلوم ہوتا ہے کہ بعثتِ نبوی کے وقت سولہ سترہ سے زیادہ آدمی لکھنا پڑھنا نہیں جانتے تھے۔ اس کی وجہ یہ تھی کہ عرب لکھنے پڑھنے کو پسند نہ کرتے تھے۔ صحرائی لوگ تو پڑھنے کو حقارت سے دیکھتے تھے۔ لکھنے پڑھنے کے خلاف حقارت کا یہ جذبہ آج تک صحرائی قبائل میں بدستور باقی ہے۔ ذوالرمہ اور مخضرمی جو بہت بڑے شاعر ہیں، وہ اس بات کو چھپاتے رہے کہ وہ فن کتابت سے آشنا ہیں، کہ کہیں لوگ اُنہیں ناپسند نہ کرنے لگیں۔

کتابتِ حدیث کے عدمِ رجحان اور رسول اللہ ﷺ کی ممانعت کی وجہ سے صحابہ حافظہ پر زیادہ اعتماد کرتے۔ احادیث کو حفظ کرتے اور حافظہ کی مدد سے ہی بوقتِ ضرورت

اس کو مستحضر کر دیتے تھے۔ پروفیسر خالد علوی لکھتے ہیں کہ

"حافظہ پر اعتماد ہی کا نتیجہ تھا کہ بڑی مدت تک علما حفظ ہی کرتے رہے۔ انہوں نے لکھنے کو پسند نہیں کیا۔"(۴)

امام اوزاعیؒ کا قول ہے: «کان ھذا العلم شیئا شریفاً إذا کان من أفواہ الرجال یتلاقونہ ویتذاکرونہ فلما صار في الکتب ذھب نورہ وصار إلی غیر أھلہ» "حدیث کا علم قیمتی اور شریف اس وقت تھا جب لوگوں کے منہ سے حاصل کیا جاتا تھا۔ لوگ باہم ملتے جلتے رہتے تھے اور آپس میں ان کا ذکر کرتے رہتے تھے۔ لیکن جب سے حدیثیں کتابوں میں لکھی جانے لگیں تو اس کا نور اور اس کی رونق جاتی رہی اور یہ علم ایسے لوگوں میں پہنچ گیا جو اس کے اہل نہ تھے۔"(۵)

حضورِ کریم ﷺ نے حفاظت کے لئے دو طرح کے اقدام فرمائے۔ ایک تو یہ کہ آپ نے احادیث کو روایت کرنے کی ہمت افزائی کی اور دوسری طرف جھوٹی حدیث روایت کرنے پر سخت وعید سنائی۔

زبانی روایت کی ہمت افزائی اور ترغیب

اہل عرب ہزاروں برس سے اپنے کام کتابت کے بجائے حفظ و روایت اور زبانی کلام سے چلانے کے عادی تھے اور یہی عادت اسلام کے ابتدائی دور میں برسوں تک رہی۔ ان حالات میں قرآن کو محفوظ کرنے کے لئے تو کتابت ضروری سمجھی گئی، کیونکہ اس کا لفظ لفظ، آیات اور سورتوں کی ٹھیک اسی ترتیب کے ساتھ جو اللہ نے مقرر فرمائی تھی، محفوظ کرنا مطلوب تھا۔ حدیث میں اس ترتیب کا ہونا ضروری نہ تھا کیونکہ قرآن کی تلاوت اس طرح مطلوب تھی جس طرح اللہ نے ترتیب دی۔ اس کے الفاظ کو بدلنا کسی صورت جائز نہ تھا جبکہ سنت کی نوعیت عملی تھی۔ اس کے الفاظ قرآن کے الفاظ کی طرح نازل نہیں

ہوئے تھے بلکہ صرف ان کا مفہوم وحی تھا جنہیں الفاظ کا جامہ حضور نبی کریمؐ پہنایا کرتے۔

حضور ﷺ کے اقوال، الفاظ اور تقاریر کے نقل کرنے میں یہ پابندی نہ تھی کہ سننے والے انہیں لفظ بلفظ اسی طرح نقل کریں بلکہ اہل زبان سامعین کے لئے یہ جائز تھا، وہ اس پر قادر بھی تھے کہ الفاظ سن کر معنی و مفہوم بدلے بغیر اپنے الفاظ میں بیان کریں۔

احادیث میں قرآن کی آیتوں کی طرح یہ بھی ضروری نہ تھا کہ فلاں حدیث پہلے اور فلاں بعد میں لائی جائے۔ یہاں مقصود صرف ان احکام اور تعلیمات و ہدایات کو یاد رکھنا اور بحفاظت آگے پہنچانا تھا جو صحابہ کو حضور سے ملنی تھیں۔ اس باب میں زبانی نقل و روایات کی کھلی اجازت ہی نہ تھی بلکہ بکثرت احادیث سے یہ بات ثابت ہے کہ حضورِ کریم ﷺ نے لوگوں کو بار بار اور بکثرت اس کی تاکید فرمائی۔

نبی پاک ﷺ نے ان اشخاص کے لئے خصوصی دعا فرمائی جو آپ کی باتوں کو سن کر یاد رکھیں اور دوسروں تک پہنچائیں:

۱. حضرت ابو سعیدؓ سے روایت ہے کہ نبی اکرم ﷺ کا ارشاد ہے «نضر الله امرءا سمع مقالتي فوعاها...» (٦)

"اللہ تعالیٰ خوش و خرم رکھے اس بندے کو جس نے میری بات سنی اور اس کو یاد رکھا۔"

۲. حضرت زید بن ثابتؓ، عبد اللہ بن مسعودؓ اور جبیر بن مطعمؓ اور ابو درداءؓ حضورِ کریم ﷺ کا یہ ارشاد نقل کرتے ہیں:

«نضر الله امرءا سمع منا حديثا فحفظه حتى يبلغه فرُبّ حامل فقه إلى من هو أفقه منه ورب حامل فقه ليس بفقيه» (٧)

"اللہ اس شخص کو خوش و خرم رکھے جو ہم سے کوئی بات سنے اور دوسروں تک پہنچا

دے۔ کبھی ایسا ہوتا ہے کہ ایک شخص سمجھ کی بات کسی ایسے شخص کو پہنچا دیتا ہے جو اس سے زیادہ فقیہ ہو اور کبھی ایسا ہوتا ہے کہ ایک شخص جو خود فقیہ نہیں ہوتا مگر وہ فقہ اٹھائے ہوتا ہے۔"

۳. حضرت ابو بکرؓ کہتے ہیں کہ نبی اکرم ﷺ نے فرمایا: « لیبلغ الشاهد الغائب عسٰی أن یبلغ من هو أوعیٰ » (۸)

"جو حاضر ہے، وہ اس کو پہنچا دے جو حاضر نہیں، ممکن ہے کہ وہ کسی ایسے آدمی تک پہنچا دے جو اس سے زیادہ یاد رکھنے والا ہو۔"

۴. قاضی ابو شریح کہتے ہیں کہ اللہ کے رسول ﷺ نے فتح مکہ کے موقع پر خطبہ دیا جسے میں نے خود کانوں سے سنا اور خوب یاد رکھا۔ وہ موقع اب تک میری آنکھوں میں سمایا ہوا ہے۔ خطبہ کے اختتام پر آپ نے فرمایا: « لیبلغ الشاهد الغائب »

"جو حاضر ہیں وہ ان لوگوں سے پہنچا دیں جو حاضر نہیں ہیں۔" (۹)

۵. حجۃ الوداع ۱۰ ہجری میں وہی بات کہی جو فتح مکہ کے موقع پر کہی تھی۔

۶. ابو جمرہ کہتے ہیں کہ بنی عبد القیس کا وفد بحرین سے حضورِ اکرم ﷺ کی خدمت میں حاضر ہوا اور کہا کہ اے اللہ کے رسول ﷺ! ہم ایسے قبیلہ سے تعلق رکھتے ہیں کہ ہم سوائے حرام مہینوں کے آپ کی خدمت میں نہیں آسکتے، لہٰذا ہم کو ایسے اعمال بتائیں کہ ہم پیچھے والوں کو اس سے مطلع کریں اور اس کے سبب ہم جنت میں چلے جائیں۔ آنحضور ﷺ نے انہیں چند احکام دیئے اور فرمایا: « احفظوہ وأخبروا من وراء کم » (۱۰)

"اس کو یاد کر لو اور پیچھے والوں کو بھی بتاؤ۔"

پروفیسر خالد علوی نے مولانا سید امین الدین کی رائے نقل کی ہے کہ حضور رسالتِ مآب ﷺ نے ان صحابہ کے لئے دعا فرمائی جو حضور ﷺ کی حدیث کی

حفاظت کرتے اور ضبط میں رکھتے اور پوری صحت اور اتقان کے ساتھ اس کو دوسروں تک پہنچاتے۔ حفاظتِ حدیث اور مبلغین حدیث کے لئے حضور کی مذکورہ دعا ثابت کرتی ہے کہ حفظِ حدیث اور اس کی تبلیغ، حضور کی رضا اور خوشنودی، حیاتِ صحابہ کا عظیم اور اہم سرمایہ تھا۔ صحابہ خوب جانتے تھے کہ اللہ کے رسول کو راضی رکھنا ایمان والوں کے حفظِ ایمان کے لئے نہایت ضروری ہے:(۱۱)

﴿وَاللّٰهُ وَرَسُولُهُ أَحَقُّ أَن يُرْضُوهُ إِن كَانُوا مُؤْمِنِينَ ٦٢﴾... سورۃ التوبۃ "اللہ اور اس کے رسول کو راضی رکھنا بہت ضروری ہے، اگر وہ ایمان رکھتے ہیں۔"

آنحضرت ﷺ نے فرمایا: «من رغب سنتي فليس مني» (بخاری: نمبر ۵۰۶۳) "وہ مجھ سے نہیں جس نے میری سنت سے اعراض کیا۔"

صحابہ کرامؓ حافظہ کی مدد سے حدیث کو یاد رکھنے کا کام لیتے تھے۔ حضور کریم ﷺ کی اس تحریص و ترغیب کا یہ نتیجہ ہوا کہ صحابہؓ ذوق و شوق سے احادیث کو یاد رکھتے جو حضور کی محفل میں حاضر نہ ہوسکتے، وہ باری باری کاشانۂ نبوت میں حاضری دیتے۔ مثلاً حضرت عمرؓ نے اپنے غلام سے باری باندھی ہوئی تھی کہ ایک دن میں کاشانۂ نبوی میں حاضر ہو کر نورِ نبوت سے فیضیاب ہوں گا تو اس سے آپ کو آگاہ کروں گا لیکن جس دن میں حاضر نہ ہوسکوں تو آپ حضورؐ کے ہاں حاضر ہو کر فیض حاصل کریں اور ارشاداتِ نبوی سے مجھے آگاہ کریں۔

آنحضرت ﷺ کے ارشادات کا صحابہ دَور کرتے۔ ایک دوسرے کو سناتے، مذاکرے ہوتے اور ایک دوسرے سے اخذ و استفادہ کرتے۔ حضرت معاویہؓ کہتے تھے:

"میں آنحضرت ﷺ کے ہمراہ تھا۔ آپ مسجد میں داخل ہوئے تو آپ نے مسجد میں ایک جماعت بیٹھی ہوئی پائی۔ فرمایا: تم کس لئے بیٹھے ہو؟ انہوں نے کہا کہ ہم نے

فرض نماز پڑھی پھر ہم بیٹھ گئے۔ ہم اللہ کی کتاب اور اس کے نبی کی سنت کا مذاکرہ کررہے ہیں۔ آپ نے فرمایا:

"اللہ جس چیز کا ذکر کرتے ہیں، اس کا ذکر بڑھ جاتا ہے۔"(۱۲)

حضرت ابن عباسؓ، حضرت عبدالرحمن بن ابی لیلیٰ، حضرت ابوسعید اور ان کے علاوہ دیگر اکابرین صحابہ اور تابعین حدیث کے مذاکروں میں اپنے ساتھیوں اور شاگردوں کو تاکید کرتے تھے۔ علیؓ فرماتے تھے:

« تذاکروا الحدیث وتزاوروا فإنکم إن لم تفعلوا ایدرس »

"احادیث کا تکرار کیا کرو اور ایک دوسرے سے ملتے رہو اگر ایسا نہ کروگے تو علم ضائع ہوجائے گا"

بقولِ سید منت اللہ:

"صحابہ کرام میں دو چیزوں کا چرچا تھا: کلام اللہ اور احادیث رسول اللہ ﷺ۔ وہ اپنے وقت کو انہیں دو کاموں میں صرف کرتے اور انہیں دو چیزوں کو خود پڑھتے، دوسروں کو پڑھاتے یا ان سے سنتے رہتے تھے۔ اپنے ساتھیوں اور شاگردوں کو انہی چیزوں کے مذاکرہ اور حفظ کی تاکید کرتے رہے۔ تو پھر جنہوں نے حدیث کو اپنا مشغلہ بنا لیا ہو، انہیں حدیثیں یاد نہ رہتیں تو اور کس کو رہتیں۔"(۱۳)

حفظِ حدیث میں حزم واحتیاط اور اس کے محرکات

صحابہ حفظِ حدیث اور روایت میں بڑی احتیاط سے کام لیتے اور اس کو وہ اپنی بڑی ذمہ داری محسوس کرتے تھے تاکہ بعد میں آنیوالی نسلوں کو حضور ﷺ کی تعلیمات صاف شفاف صورت میں بغیر کسی آمیزش کے ملیں۔ ان کے نزدیک یہ دین ایک امانت ہے اور اس میں تغیر و تبدیلی خیانت اور بہت بڑا جرم ہے۔ بعض دفعہ تو صحابہؓ حدیث بیان کرتے

ہوئے لرز اُٹھتے تھے۔ اس حزم واحتیاط کے درج ذیل محرکات تھے:

(ا) جھوٹی احادیث پر تنبیہ

جھوٹی حدیث کو حضور ﷺ کی طرف منسوب کرنے پر تنبیہات اور وعیدیں دراصل حفاظتِ حدیث کی ہی اہم کوشش ہے جو آپ نے روایت کے سلسلہ میں فرمائی۔ آنحضرت ﷺ نے قطعی طور پر بتایا کہ جھوٹی روایت بیان کرنے والا جہنمی ہو گا۔ آپ ﷺ نے فرمایا:

«من کذب علی متعمدا فلتیبوأ مقعده من النار» (مسند احمد: ۱/ ۱۶۵)

"جو شخص میرا نام لے کر قصداً جھوٹی بات میری طرف منسوب کرے، وہ اپنا ٹھکانہ جہنم بنالے۔"

۲۔ ابوسعید خدری کہتے ہیں، حضور کریم ﷺ نے فرمایا:

«حدثوا عني ولا حرج ومن کذب علی متعمدا فلیتبوأ مقعده من النار»

"میری باتیں روایت کرو، اس میں حرج نہیں ہے مگر میری طرف جو جان بوجھ کر جھوٹی بات منسوب کرے گا، وہ اپنا ٹھکانہ جہنم میں بنائے گا۔" (مسند احمد: ۲/ ۱۵۹)

۳۔ حضرت جابر بن عبد اللہؓ سے مروی ہے کہ نبی کریمؐ نے فرمایا:

«اتقوا الحدیث عني إلا ما علمتم فمن کذب متعمدا فلیتبوا مقعده من النار» (۱۴)

"میری طرف سے اس وقت تک کوئی بات بیان نہ کرو۔ جب تک تمہیں یہ علم نہ ہو کہ میں نے وہ کہی ہے کیونکہ جو کوئی میری طرف جھوٹی بات منسوب کرے گا وہ اپنا ٹھکانہ جہنم میں بنائے۔"

اس حدیث کو عبد اللہ بن مسعود اور ابن عباس نے بھی بیان کیا ہے۔

حضرت علیؓ نے فرمایا کہ جب میں تم کو رسول اللہ ﷺ کی کوئی حدیث سناؤں تو

مجھے یہ بات زیادہ پسند ہے کہ آسمان سے گر جاؤں اس سے کہ میں آنحضرت ﷺ پر جھوٹ باندھوں۔ آپ کے الفاظ ہیں:

«إذا حدثتكم عن رسول الله لأن أخر من السماء أحب إلى من أن أكذب عليه» (۱۵)

صحابہ کے لئے یہ وعید بڑی زبردست بات تھی۔ اسلام پر یقین رکھنا اور دوزخ سے نہ ڈرنا دو متضاد باتیں تھیں۔ یہی وجہ ہے کہ آنحضور ﷺ نے حکمتِ پیغمبرانہ کے تحت حدیث کی نشر واشاعت کی تلقین اور ان میں جھوٹ کی آمیزش سے احتراز کی سخت تاکید فرمائی۔ یہ اس بات کا بین ثبوت ہے کہ حضور ﷺ اپنی سنت کو ہر طرح سے محفوظ رکھنا چاہتے تھے تاکہ آنے والی نسلیں اس سے استفادہ کر سکیں۔

(۲) عظمتِ رسول ﷺ

صحابہ آنحضورؐ کو اللہ کا نبی اور سب سے عظیم انسان تصور کرتے تھے۔ اور اس بات پر وہ دل کی گہرائیوں سے یقین رکھتے تھے۔ ان کے نزدیک آپ کی تعلیمات، ارشادات اور حالات و واقعات کی حیثیت عام انسانی وقائع کی نہ تھی کہ وہ ان کو معمولی حافظے کے سپرد کر دیتے۔ ان کے لئے تو آپ کی معیت میں گزرا ہوا ایک ایک لمحہ سب سے زیادہ قیمتی تھا اور اس کی یاد کو وہ اپنا سب سے قیمتی سرمایہ سمجھتے تھے۔ اسی بنا پر حضرت عمرؓ نے اس خواہش کا اظہار کیا کہ ابو بکرؓ میری ساری عمر کی نیکیاں لے کر غارِ ثور کی ایک رات کی نیکیاں مجھے دے دے۔

(۳) علم صحیح

حزم و احتیاط کی ایک وجہ یہ بھی تھی کہ حضور ﷺ نے جو علم صحابہ کو دیا تھا، وہ حقائق پر مبنی تھا۔ اس کا اعتراف صحابہ خود کرتے تھے۔ حضرت جعفر طیار نے نجاشی کے

سامنے جو حقیقت واضح کی وہ اس کا بین ثبوت ہے کہ ہم اس سے پہلے جاہل اور گمراہ تھے، اب حضور ﷺ ہم کو پاکیزہ ترین اور صحیح علم دے رہے ہیں۔ انہوں نے ہم کو جینا سکھایا ہے۔ اسی لئے صحابہ پوری توجہ سے آپ کی ہر بات کو سنتے تھے، ہر فعل کو دیکھتے تھے کیونکہ عملی زندگی میں عملاً اسی کا نقش پیوست کرنا تھا اور اس کی رہنمائی میں کرنا تھا۔

(۴) ذمہ داری کا احساس

صحابہ کو یہ بھی احساس تھا اور وہ یہ ذمہ داری محسوس کرتے تھے کہ بعد میں آنے والوں کو حضور ﷺ کے حالات اور تعلیمات بالکل صحیح صورت میں پہنچائیں اور اس میں کسی قسم کی آمیزش نہ کریں۔

حضور کی وعید کے بعد تو صحابہ اور محتاط ہو گئے تھے کہ اپنی طرف سے تغیر و تبدیلی کوئی معمولی جرم نہیں بلکہ وہ اسے عظیم خیانت تصور کرتے تھے۔ دین کو امانت سمجھ کر انہوں نے آگے منتقل کیا۔

(۵) اکابر صحابہ کی تلقین

حضور پاک ﷺ کی تلقین کے علاوہ اکابر صحابہؓ بھی عام صحابہؓ کو احادیث روایت کرنے میں احتیاط کی تلقین کرتے تھے، اس معاملے میں سہل انگاری برتنے سے شدت کے ساتھ روکتے تھے۔ بعض اوقات حضورؐ کا ارشاد سن کر شہادتیں طلب کرتے تھے اور اطمینان کے لئے امتحان بھی لیتے مثلاً ایک مرتبہ حضرت عائشہؓ کو حج کے موقع پر عبد اللہ بن عمرو بن العاصؓ سے ایک حدیث پہنچی، دوسرے سال حضرت عائشہؓ نے حج کے موقع پر ہی یہی حدیث عبد اللہ کو سنانے کے لئے کہا۔ دونوں مرتبہ حضرت عبد اللہؓ کے بیان میں سر مو فرق نہ پایا گیا۔ حضرت صدیق اکبرؓ نے میت کی دادی کو میراث ۱/۶ حصہ اس وقت دیا جب مغیرہ بن شعبہؓ اور محمد بن سلمہؓ نے شہادت دی۔ ابو موسیٰ اشعریؓ نے جب اِذن

طلب کرنے کے بارے میں حضرت عمرؓ کو حدیث سنائی تو آپ نے ان کو ڈانٹا اور کہا کہ اگر تم اس کی شہادت پیش نہ کر سکے تو میں تمہیں سزا دوں گا۔

(۶) ماحول کا اثر

حضور ﷺ کی تعلیمات سے اسلامی ریاست کی فضا ایسی بن گئی تھی کہ تمام صحابہ پر آپ ﷺ کے اسوۂ کی ایک گہری چھاپ نظر آتی تھی۔ روایات محض زبانی ہی نہ تھیں بلکہ اسوۂ حسنہ کے آثار و نقوش ہر طرف نظر آتے تھے۔ جس بنا پر حافظہ کی غلطی سے یا اپنے ذاتی خیالات و تعصبات کی بنا پر کوئی نرالی بات پیش کرنا بھی محال تھا۔ صحابہ کے دور میں کوئی ایسی نظیر نہیں ملتی کہ غلط طور پر آپ کی طرف کوئی چیز منسوب کی گئی ہو۔

(۷) تقویٰ اور خوفِ الٰہی

حضور ﷺ کی سیرت کی صحابہ کی انفرادی زندگیوں پر بڑی گہری چھاپ تھی۔ یہ سابقون الاولون کی جماعت تقویٰ کے اس مقام پر فائز تھی کہ حدیث کی روایت میں سہل انگاری کا تصور بھی نہیں کیا جا سکتا۔ تقویٰ اور خوفِ الٰہی کی بنیاد پر روایات جو ایک دوسرے کو منتقل ہوتی تھیں، ان میں سر مو فرق نہ پایا جاتا تھا۔

(۸) خوشنودیٔ رسول ﷺ

حفظِ حدیث اور اس کی تبلیغ حضور ﷺ کی رضا اور منشائے قلبی تھا۔ حضور ﷺ کی رضا اور خوشنودی حیاتِ صحابہ کا عظیم سرمایہ تھا۔ صحابہ خوب جانتے تھے کہ اللہ کے رسول ﷺ کو راضی رکھنا حفظِ ایمان کے لئے ضروری ہے۔ ایک واقعہ سے اندازہ لگائیں کہ ہجرت کے بعد ایک شخص نے ایک پر تکلف مکان بنایا اور اسے چونا گچ کر دیا۔ حضور ﷺ کا اِدھر سے گزر ہوا تو فرمایا یہ کس کا مکان ہے؟ گویا آپ ﷺ نے ناپسند فرمایا تو جب صحابی کو معلوم ہوا کہ حضور ﷺ نے اس طرح فرمایا ہے تو اس نے اس مکان کو

منہدم کر دیا اور حضور ﷺ کی خدمت میں آکر اس کی خبر دی۔

ثمامہ بن اثال جب مسلمان ہوا تو اس نے یمن جا کر اہل مکہ کا غلہ بند کر دیا اور کہا کہ جب تک اِذن رسول ﷺ نہ ہو گا، غلہ بند رہے گا۔ بعد میں رسول اللہ ﷺ نے ازراہِ عنایت اجازت دے دی۔ حضرت عمرؓ کے تورات کی ورق گردانی پر جب ابو بکرؓ نے توجہ دلائی تو حضرت عمرؓ نے فرمایا:

«رضیت باللہ ربا وبالإسلام دینا وبمحمد نبیًا» "میں اللہ کے رب ہونے، اسلام کے دین ہونے پر اور محمد ﷺ کے نبی ہونے پر راضی ہوں۔"

صحابہؓ یہ سمجھتے اور اچھی طرح جانتے تھے کہ خدا کے رسول کی رضا میں خدا کی رضا ہے۔ خوشنودی رسول ﷺ کے لئے حفظِ حدیث میں احتیاط سے کام لیا جاتا تھا۔

کیا مکتوبہ چیز ہی قابل اعتماد ہے...؟

یہ بات کہی جاتی ہے کہ چونکہ حدیث لکھی ہوئی نہ تھی، عہدِ رسالت میں صرف حافظہ کی مدد سے ہی اس کو محفوظ رکھا جاتا تھا یا حدیث عہدِ رسالت یا عہدِ خلافت میں لکھوائی نہیں گئی تھی، اس لئے حجت نہیں۔ سید مودودی نے اس کا جواب تفصیل سے دیا ہے، ہم ان کی کتاب سے اقتباس پیش کرتے ہیں:

"قرآن کو جس وجہ سے لکھوایا گیا تھا وہ یہ تھی کہ اس کے الفاظ و معانی دونوں ہی من جانب اللہ تھے۔ اس کے الفاظ کی ترتیب ہی نہیں اس کی آیتوں، سورتوں کی ترتیب بھی خدا کی جانب سے تھی۔ اس کے الفاظ کو دوسرے الفاظ سے بدلنا بھی جائز نہ تھا۔ وہ اس لئے نازل ہوا تھا کہ لوگ انہی الفاظ میں اسی ترتیب کے ساتھ اس کی تلاوت کریں۔ سنت کی نوعیت اس سے مختلف تھی۔ اس کے الفاظ قرآن کے الفاظ کی طرح بذریعہ وحی نازل نہیں ہوئے تھے بلکہ حضور ﷺ نے اس کو اپنی زبان سے ادا کیا تھا۔ پھر اس کا بڑا

حصہ ایسا تھا جسے حضورؐ کے ہم عصروں نے اپنے الفاظ میں بیان کیا تھا۔ مثلاً حضور ﷺ کے اخلاق ایسے تھے، زندگی ایسی تھی، فلاں موقع پر حضور ﷺ نے فلاں کام کیا، حضور ﷺ کے اقوال، تقریریں نقل کرنے میں کوئی پابندی نہ تھی کہ انہیں سامعین لفظ بلفظ نقل کریں۔ بلکہ اہل زبان سامعین کے لئے یہ جائز تھا اور وہ اس پر قادر بھی تھے کہ آپ کی بات سن کر معنی و مفہوم بدلے بغیر اسے اپنے الفاظ میں بیان کر دیں۔

حضور کے الفاظ کی تلاوت مقصود نہ تھی بلکہ اس تعلیم کی پیروی مقصود تھی جو آپ نے دی تھی۔ احادیث میں قرآن کی آیتوں اور سورتوں کی طرح یہ ترتیب محفوظ رکھنا بھی ضروری نہ تھا کہ فلاں حدیث پہلے ہو اور فلاں بعد میں، اس بنا پر احادیث کے معاملہ میں یہ کافی تھا کہ لوگ انہیں یاد رکھیں اور دیانت کے ساتھ انہیں لوگوں تک پہنچائیں۔

دوسرا نکتہ یہ ہے کہ کسی چیز کے حجت ہونے کے لئے اس کا لکھا ہوا ہونا ضروری نہیں ہے۔ اعتماد کی اصل بنیاد اس شخص یا اشخاص کا بھروسہ کے قابل ہونا ہے، جس کے ذریعہ بات دوسروں تک پہنچے خواہ مکتوب ہو یا غیر مکتوب۔ خود قرآن اللہ تعالیٰ نے آسمان سے لکھوا کر نہیں بھیجا بلکہ نبی کی زبان سے اس کو بندوں تک پہنچایا۔ اللہ تعالیٰ نے بھی پورا انحصار اس بات پر کیا کہ جو لوگ نبی کو سچ مانیں گے وہ نبی کے اعتماد پر قرآن کو بھی کلام الٰہی مان لیں گے۔

نبی کریم ﷺ کی جتنی تبلیغ و اشاعت تھی، زبانی تھی۔ آپ کے صحابہؓ مختلف علاقوں میں جا کر تبلیغ کرتے۔ وہ قرآن کی سورتیں لکھی ہوئی نہ لے جاتے تھے۔ لکھی ہوئی آیات اور سورتیں تو اس تھیلے میں پڑی رہتی تھیں جس کے اندر آپ انہیں کاتبانِ وحی سے لکھوا کر ڈال دیا کرتے تھے۔ باقی ساری تبلیغ واشاعت زبانی ہوتی تھی۔

ایمان لانے والے، صحابہ کے اعتماد پر تسلیم کرتے تھے کہ جو کچھ وہ سنا رہا ہے، وہ اللہ

کا کلام ہے یا رسول اللہ ﷺ کا حکم۔ اور جو حکم وہ پہنچا رہا ہے وہ حضور ﷺ ہی کا حکم ہے۔

تیسرا اہم نکتہ یہ ہے کہ لکھی ہوئی چیز خود کبھی قابل اعتماد نہیں ہوتی جب تک زندہ انسانوں کی شہادت اس کی توثیق نہ کرے۔ محض لکھی ہوئی چیز اگر ہمیں ملے اور ہم لکھنے والے کا خط نہ پہچانتے ہوں یا لکھنے والا خود نہ بتائے۔ یہ اس کی تحریر ہے یا ایسے شواہد موجود نہ ہوں جو اس امر کی تصدیق کریں کہ یہ تحریر اسی شخص کی ہے جس کی طرف منسوب کی گئی ہے تو ہمارے لئے وہ تحریر یقینی کیا معنی، ظنی بھی نہیں ہو سکتی۔"(۱۶)

اس طویل اقتباس سے یہ بات واضح ہوگئی کہ کسی چیز کا لکھا ہوا ہونا ہی حجت نہیں جب تک زندہ انسانوں کی شہادت موجود نہ ہو۔ قرآن حضور ﷺ کو تحریری صورت ☆ میں نہ دیا گیا تھا۔ جبریل علیہ السلام زبانی ہی وحی لاتے تھے اور حضور ﷺ بھی زبانی ہی صحابہ کو بتاتے تھے۔ آج بھی قرآن اس لئے حجت نہیں کہ یہ لکھا ہوا ہمارے پاس موجود ہے بلکہ زندہ انسانوں کی شہادت ہے جو مسلسل اس کو سنتے اور آگے بعد میں آنے والوں تک اسے پہنچاتے چلے آرہے ہیں۔ اگر قرآن کے سلسلہ میں زندہ انسانوں کی شہادت حجت ہے تو سنتِ رسول ﷺ کے بارے میں حجت کیوں نہیں۔

حوالہ جات

۱) مجمع الزوائد جلد ا صفحہ ۱۶۱ بحوالہ حفاظت حدیث از خالد علوی، ص ۱۱۱

۲) صبحی صالح، ڈاکٹر، علوم الحدیث، ص ۳۹

۳) القرآن

۴) خالد علوی، حفاظت حدیث، ص ۵۹

۵) جامع بیان العلم، جلد ا صفحہ ۹۸ بحوالہ حفاظت حدیث از خالد علوی، ص ۵۹

۶) بخاری، الجامع الصحیح۔ کتاب العلم

۷) ابو داؤد، کتاب العلم

۸) بخاری، الجامع الصحیح

۹) بخاری، جلد ۳، ص ۴۵، حدیث نمبر ۱۰۴

۱۰) بخاری، کتاب العلم، جلد ۱، ص ۲۲

۱۱) خالد علوی، حفاظت حدیث، ص ۱۲۰

۱۲) دارمی، مذاکرۃ العلم، جلد ۱، ص ۱۵۰

۱۳) دارمی، مذاکرۃ العلم، جلد ۱، ص ۱۵۰... (۲) سید منت اللہ رحمانی: کتابتِ حدیث، ص ۳۰

۱۴) مشکوٰۃ کتاب العلم، جلد ۱، ص ۷۹

۱۵) مسند احمد، جلد ۲، ص ۴۵

۱۶) مودودی سید ابو الاعلیٰ، منصب رسالت نمبر، ص ۳۳۸

* * *

مذہب اور سائنس کے تقابلی موازنے پر منتخب مضامین

مذہب اور سائنس

مرتبہ : ادارہ محدث

بین الاقوامی ایڈیشن جلد منظر عام پر آ رہا ہے